gewidmet meinem Sohn Stefan

Mia Mondstein

Mias Wimmeleien

von und für
hier und da
und dort

Bibliografische Information der Deutschen
Nationalbibliothek:
Die Deutsche Nationalbibliothek verzeichnet diese
Publikation in der Deutschen Nationalbibliografie;.-
detaillierte bibliografische Daten sind im Internet
über http://dnb.dnb.de abrufbar.

Lektorat/Korrektorat: Theo Ostermann

Grafik / Bildquellen:
Mia Mondstein/Theo Ostermann/pixabay

Herstellung und Verlag: BoD - Books on Demand,
Norderstedt
ISBN: 978-3-7526-4432-6

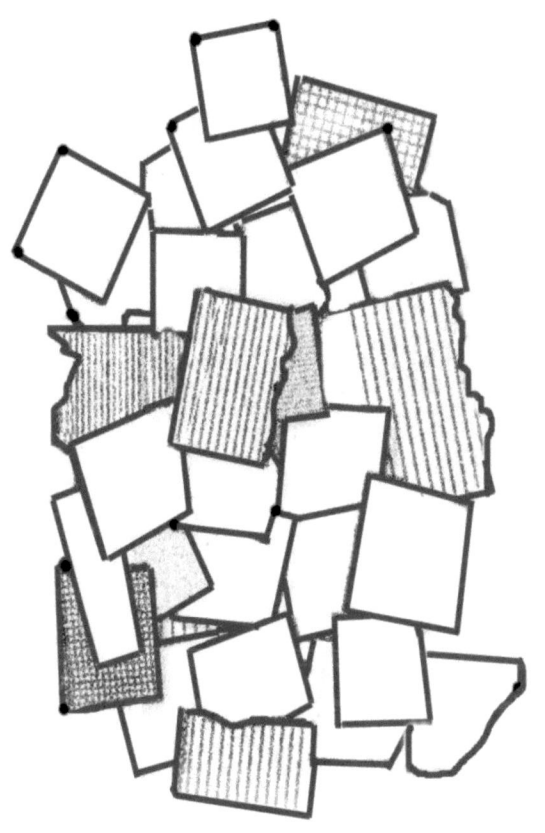

Faden

da ist man nun versorgt
hat alles da zum Leben
und dennoch
ist man stets besorgt
hört niemals auf
zu streben

das Glück
das muss man selbst sich weben
selbst ausprobieren
wie was geht
das Suchen hört nie auf im Leben
man erntet nur was man auch sät
manchmal gelingt was
mal mitnichten
es ist ein Nehmen und Verzichten
doch bleib dir treu
das kann nie schaden
folg' deinem roten Lebensfaden

Alles da

du kämpfst dich weiter
durch das Leben
durch den Tag
immer weiter als das Mal zuvor

du rennst weiter
schaust nicht rechts
schaust nicht links
nur immer weiter
weiter als das Mal zuvor

Immer mit der einen Frage
im Kopf und im Herzen

Ist das Alles?

Fehlt dir das Geld?
Nein.
Fehlt dir der Mut?
Nein.
Fehlt dir die Welt?
Nein.
Fehlt dir die Glut?
Nein.

Es ist Alles da

Und ich?
Ich bin dir nah
jeden Tag
näher als das Mal zuvor

und du?
Bleib stehen
einfach so
atme durch
schau dich um

du bist am Ziel

Alles ist da

Alles

Ich habe keine Millionen
auf irgendeinem Konto in irgendeinem Land
doch ich habe jeden Tag zu Essen und zu Trinken
und all das
was ich gern mag

ich habe keine Villa am Stadtrand
kein Luxusappartement
kein Ferienhaus am Meer
doch ich habe es warm
an diesem Ort
den ich Zuhause nenne

Ich vertraue nicht vielen Menschen
aber die mit denen ich mich verbunden fühle
die ich liebe
sind immer da für mich

Ich fühle mich geborgen
lebe frei
auch in Worten und Gedanken

Liebe und Freundschaft
Wärme und so viel mehr

Das ist Alles
Alles was ich habe
Alles was ich brauche
Alles zum Glücklichsein

Das ist mir genug
und wem genug zu wenig ist
dem ist Alles nicht genug

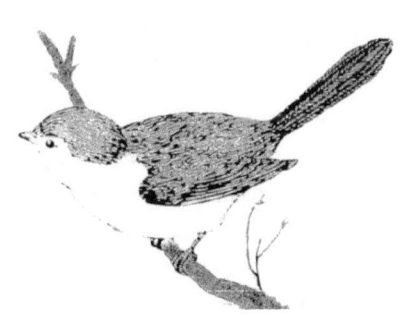

Anlauf

Am Morgen reib' ich mir die Augen
die Nacht war kurz
ich kann' s kaum glauben
ich wünscht'
ich könnte Träume fangen
und spüre plötzlich das Verlangen
nach einem Glas voll Wein
doch
ich gieß' mir Kaffee ein
der auch ganz lecker schmeckt
mit Zucker ist er dann perfekt
dazu ein Brot mit Marmelade
oder Nuss-Nougat-Schokolade
ein Ei ganz weich gekocht so fein
Wie schön kann doch ein Frühstück sein

Nun trink ich noch ein Glas voll Saft
bringt Vitamine und die Kraft
mit Energie beginnt mein Tag
und mittags esse ich Salat
darin sind viele Kräuter
dann bin ich noch erfreuter
mit Reis und leck'rem Steak dabei
oder auch Kartoffelbrei

so
nun kann es weitergehen
ich hab noch tausende Ideen

Der Abend kommt
ich fahr nach Haus
da warten auf mich Mann und Maus
Es gibt noch Chips und Gummibärchen
zur DVD mit alten Märchen
es wird noch viel gelacht
doch dann sag ich "Gut Nacht"
denn es hat so keinen Zweck
meine Energie ist weg
ich trink noch warme Milch
und dann ...

Morgen fängt alles von vorne an

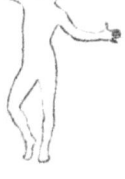

Bananengedicht

Ich hatte einen Traum heut' Nacht
bin voll Erstaunen aufgewacht

Was war denn das?
Ein "Klopf Klopf Klopf"
am Bettesrand ein blonder Schopf
und schaut mal da ...

Ja seh' ich richtig ?
- Das ist für die Geschichte wichtig -

mit ' ner Banane auf dem Kopf
und glockenklar und voller Mut
erklingt es : "Schau, Mama ... ein Hut!

Bananengedanke

Wenn jeder von uns in der Nacht
eine Banane zum Schutz vor der
Welt
auf dem Kopf tragen würde
welch eine Welle des Erstaunens würde
eine unbedeckte Glatze auslösen

Bohne nicht ohne

es ist kalt und es liegt Schnee
grau der Tag
herrjemine
doch interessiert's mich nicht die Bohne
ich koch mir erst mal 'nen Kaffee
Gedanken gehen auf Tournee
sein Duft vertreibt das Monotone
der Energieschub ist nicht ohne
stark muss er sein
dann hat er Power
und ich bin gar nicht mehr so sauer

in der Fremde packt mich Heimweh
doch im Koffer mein Kaffee
ist ein Trost mir von zuhaus'
und drum pack' ich ihn schnell aus
trink ihn schwarz und heiß dazu

liebes Herz
so gib doch Ruh'

Das stille Haus

An Waldes Rand dort in der Stille
da steht mein kleines Haus
Stress und Pflicht sind mir ein Graus
erfreue mich des Himmelblaus
wie 's gestern war
macht mir nichts aus

ich brauche hier nicht Saus noch Braus
und geh in meinen Garten raus
sieh an dort flitzt 'ne kleine Maus
die Vögel fliegen weit hinaus
ich pflück mir einen Blumenstrauß

doch auf der Rose Blatt
da seh ich eine Laus
und denke ... Ei der Daus
die ist Marienkäfers Schmaus
und unterm Dach die Fledermaus
fliegt immer nachts zum Essen raus

schillernd bunt wie's Rad des Pfaus
sieht manchmal unser Leben aus
doch bist du mal am End' des Staus
blick nach vorn und denk voraus
sind Stirn und Haare auch ganz kraus

An Waldes Rand dort in der Stille
da steht mein kleines Haus
und nun sind diese Verse aus
Applaus

Insel

Ich steh am Strand
bin ganz entspannt
mit einem Pinsel in der Hand
genieß ich das besondre Flair
am Meer

die Straßen leer
kein kreuz und quer
Entspannung fällt mir da nicht schwer
doch auf dem Bild ist keine Palme
man sieht hier grüne Schachtelhalme

Nein ich bin nicht in Thailand
relaxe nicht in Mailand
steh hier im kühlen Sand
und denk
was will ich mehr
als diesen Frieden um mich her

mein Herz ist außer Rand und Band
weil ich mein Glück so nahe fand
und immer gerne wiederkehr
denn in der Stadt vermiss ich's sehr
dies Eiland im Ostfriesenland
wo ich mein wahres Ich erkannt

Das Treffen

Heute Nacht ein Stelldichein
an einsamem Ort im Mondenschein
ein Treff der ganz besond'ren Art
Da huschte irgendwas doch gerad'

Des Wolfes Ruf ist heut' verstummt
und nachts auch keine Biene summt
ganz leise kommen sie heran
von ferne und von nebenan
der Eule leiser Flügelschlag
sogar der Maulwurf sich heut wagt
heraus aus seinem Erdenbau
und auch der Fuchs
der doch so schlau

Der Rabe fliegt mit schwarzen Schwingen
die Vögel wollen heut' nicht singen
der Löwe kommt mit seiner Frau
prachtvoll mit Schleppe stolz der Pfau
und in den Bäumen schwingen Affen
auf langen Beinen die Giraffen
die Maden unter Eichenrinden
und Schlangen sich im Grase winden

Der Elefant sie zu sich winkt
das Glühwürmchen ganz hell erglimmt
da steht
man hält es kaum für wahr
das Schaf neben dem Jaguar
dort sieht man Hund und Katze
sie gehen Tatz' in Tatze

sie alle treffen sich heut' Nacht
Hyänen halten hier die Wacht
Und alle Andern die man kennt
im dunklen nassen Element
der große Wal
der Wasserfloh
die treffen sich heut'
anderswo

Es ist ein Krisenstab von Tieren
ob zweibeinig
auf allen Vieren
und jedes dieser Wesen sagt:
Der Mensch ist heute angeklagt

Warum ist nur so falsch sein Streben
wir alle wollen doch nur leben
er ist mit uns ewig verbunden
nur die Natur wollt' er erkunden
und hat sie meistens dann zerstört
die Hilferufe überhört
hat uns geknechtet und verletzt
uns in Gefangenschaft gesetzt

Wo Grünes war
ist Häusermeer
und viele von uns gibt 's nicht mehr
vielleicht kann man die Welt noch retten
wenn Stille herrscht in allen Städten
vielleicht kann es nur friedlich werden
wenn kein Mensch mehr ist auf Erden
denn er macht es den Tieren schwer
den Platz im Sonnenlicht so leer

Delfin I

Ich steh am Ufer
schau hinaus aufs Meer
wo du so gern zuhaus'
und du da spielst
so wie im Rausch
Ich steh' nur da ganz stumm
und lausch'
fühl' Sanftheit wie im Wattebausch

Delfin II

Gedankenreise
unwirklich
wend' ich den Blick so freundschaftlich
auf dich
du sanftes Wesen
was dort im blauen Nass
von glitzend' Perlen wohl umringt
mich friedlich stimmt

Delfin III

Ach könnt' ich nur an deiner Seite
wohl durch die Fluten reisen
dir Zauberwesen
in der Nacht
die Stern' den Weg wohl weisen
komm lieber Freund
ich träum mich hier
ganz nah zu dir

Chaos

Es sitzen zwei an einem Tisch
die Sieh-zu-Aktion ist anekdotisch
ihre Figur wirkt doch recht gotisch
sein Blick auf sie ist wie hypnotisch
des Raumes Atem fast narkotisch
dann schreit sie laut und fast psychotisch
ihr Sinn verwirrt ist fast neurotisch
doch ist's für ihn gar sehr erotisch
und für sein Herz fast antibiotisch

sie küssen sich
es wird biotisch
die beiden scheinen sehr symbiotisch
das Liebe leben
oft chaotisch

Der Hengst

Es war dereinst ein Hengst so stolz
wohl vierzig Stuten führt er mit
er war so schwarz wie Ebenholz
wie eine Statue aus Granit

Am Tag da zog der Staub die Kreise
erhob sich unter seinen Hufen
bei Nacht da sang der Wind so leise
über die Steppe tönt sein Rufen

Im Kampf da zeigte er viel Mut
und er oft Sieger blieb
und packte ihn einmal die Wut
so folgte Hieb auf Hieb

Lang' führte er die starke Herde
er war ein König unbenommen
nachts hoffte er dass Morgen werde
und lauschte ob die Wölfe kommen

Und kamen sie
so kämpfte er
wohl bis zum Morgenrot
er setzte tapfer sich zur Wehr
und manches Biest ward tot

Er wär' ein gutes Wappentier
er war ein Held der Pferde
Er schaffte Ordnung im Gewirr
stand sicher auf der Erde

Doch dann kam einer
eisigkalt war dessen Seele und sein Herz
mit brachte er sehr viel Gewalt
so manchen bitt'ren Schmerz

Er war es
der den Hengst bezwang
er brachte Dunkelheit
Weiß denn ein Mensch nichts von dem Drang
nach wilder freier Zeit?

Der Hengst sah nimmer Abendrot
denn schließlich gab er auf
es gab nur Gitter oder Tod
das war des Schicksals Lauf

Dort von der höchsten Felsenwand
da sprang er in die Tiefe
sein letzter Blick galt diesem Land
wo nun sein Geist wohl schliefe

Man sah den Mann noch lange stehen
denn dieses war kein Sieg
Gedanken wandern Träume gehen
der Wind singt einsam' Lied

Der Hengst starb dort wo er gelebt
in seinem freien Sein
der Staub nun grüßend es umweht
sein Bild aus schwarzem Stein

die Eiche

Zu der alten Eiche hin
die da steht am Waldesrand
fällt mein Blick und geht mein Sinn
denn die Zeit verrinnt wie Sand
es hat gespielt mit ihren Blättern
der Wind
der sang so manches Lied
erlebt hat sie des Donners Wettern
errungen hat sie manchen Sie

mit ihr da sprech' ich manche Nacht
und lausche ihrem Rauschen
sie scheint mal stark und mal ganz sacht
könnt' ich doch mit ihr tauschen

du alte Eiche bleibe stark
begleitest mich durchs Leben
ich hab' so Manches schon gewagt
gesucht nach neuen Wegen

Nacht ist jetzt
Gedanken ziehen
die Eiche steht im Dunkeln
und Vögel in die Nester fliehen
am Himmel Sterne funkeln

wenn um die Eiche Winde wehen
von Ferne Glockenklang
so mag sie lange noch da stehen
und ich sie seh noch lang

mir scheint als hielte sie dort Wacht
für alt' und neue Zeiten
im Traum noch hör' ich's Lied so sacht
will Hoffnung uns bereiten

(inspiriert durch "Mein Freund, der Baum")

Du da oben

He du da oben
schenk uns Mut
zu kämpfen mit des Lebens Flut
die niederdrückt und unterjocht
hältst du dabei die Fäden doch

begleite uns ins Morgenrot
beschütz uns doch vor frühem Tod
schenk uns Gesundheit und viel Kraft
und Hoffnung nach so mancher Nacht

ich bitte dich
stopp falsche Wut
lösch du der Flammen Höllenglut
gib Einsicht uns und freien Sinn
zu sehen wo der Weg führt hin

und niemand soll im Schatten stehen
kein Unrecht woll'n wir übersehen
und Schönheit lass uns dort erkennen
wo achtlos schnell vorbei wir rennen

Vor unserer Dummheit rett' die Welt
die Einheit sonst durch uns zerfällt
kein Kampf soll sein mehr ohne Sinn
denn Krieg ist Niemandes Gewinn

Oh du da
hör
ich meine dich
schütz uns Menschheit ewiglich
denn ohne Licht sind wir verloren
wird nie ein Mensch im Glück geboren

Ja du da
sieh
ich bet zu dir
bring Ordnung in das Weltgewirr
Wer heute noch Verlierer ist
der sei ab morgen Optimist

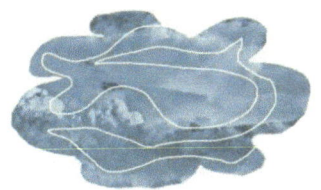

Englands Recken

Grüne Wiesen
weite Auen,
die Vögel singen rein und klar
und in den Gärten tanzen Pfauen

Doch leider lang schon nicht mehr wahr

Einst schwang so mancher tapf're Recke
die Lanze und das Schwert
für manche holde schöne Kecke
erst dann war er des Kusses wert

Die Burg
sie stand da einst so stolz
mit Fahne Rüstungen und Ritter
heut' ist da nur vermodernd' Holz
ach Herz so kalt und bitter

Die Winde weh´n durch leere Hallen
Ruinen steh'n am Bergesrand
und Schwerterklang wird nimmer schallen
über dies' stolze Heimatland

Doch hört
Schlag zwölf erwachen alle
und König Ritter mit den Knappen
rufen erneut

"Niemals ich falle.
Ich kämpf' und reite meinen Rappen
für dieses Land an Schwur gebunden
tret' ich aus toten Reih´n heraus
für dieses Land ans Licht gefunden
trag' ich so manchen Kampf noch aus."

So reiten sie durch diese Lande
im Mondenschein und unsichtbar
verknüpft durch ehrenvolle Bande
sind stark sie
einzig immerdar

Fensterblick

schau aus dem Fenster
schau in die Welt
was du da siehst
regiert vom Geld

zählt Treue
Kameradschaft noch
die Liebe wird vertagt
und manches Wort
von Mensch zu Mensch
ist nur dahingesagt

sieht der Mensch den Andern noch
trägt gemeinsam man das Joch
das schon Manchen hat erdrückt
erklärt man Helfer für verrückt

siehst du etwas das sich lohnt
für eine frohe Kunde
oder ist da gar nichts mehr
schau mal in die Runde
es bleibt nur eine kurze Frist
kennst du wirklich hier kein Haus
wo noch Frieden ist

schau aus dem Fenster
schau dich nur um
schon heut' ist's gefährlich
fragt man bloß "Warum?"

und das Wenige auf Erden
das was nie zu kaufen ist
sieht nur jener der genau schaut
der wer selbst noch Optimist

schau aus dem Fenster
schau in die Welt
Was du da siehst
regiert vom Geld

das ist mit Unverstand erdacht
und bleibt wohl so
wenn man nichts macht

Gemaltes Selbst

du warst dir selbst oft auf der Spur
bist dir gefolgt Momente nur
hast lange ruhelos gewacht
und viel zu lange nachgedacht

ich male dir ein Spiegelbild
gefasst in edlem Holz
schaust du hinein
kannst du dich seh'n
so mutig und voll Stolz

das Leben hin und her dich trieb
du hast geträumt von Heim und Lieb'
geschrieben hast du manches Wort
du bist gerannt von Ort zu Ort
doch oft nicht mal mehr Freundschaft blieb
wenn es dich immer weiter trieb

ich male dir ein Spiegelbild
es zeigt dein wahres Ich
bleib stehen und dann schau dich an
erkenne deine Kraft sodann
sei Eins im Jetzt und Hier
und komm zu Dir

du suchst dein Selbst
das Irgendwas
schaust durch das trübe Fensterglas
und fragst dich wann wird es wohl sein
dass du hier nicht mehr stehst allein

ich male dir ein Spiegelbild
das zeigt was keiner sieht
versteckst dich hinter deinem Lachen
siehst du nicht deinen inn'ren Drachen
ein Blick nur könnte sie entfachen
die Flamme welche in dir brennt

Schau her
von liebster Hand gemalt
von mildem Sonnenlicht bestrahlt

Hör zu
es deinen Namen nennt
dein Spiegelbild das dich erkennt

Hand in Hand

Man hat stets eine helfend' Hand
für jeden auch wenn unbekannt
man arbeitet ob krank ob alt
sucht Wärme wenn es einem kalt
man sorgt für Haus und Kind und Frau
und manchmal ist das Leben grau

Die andern leb'n in Saus und Braus
werfen das Geld zum Fenster raus
sie denken nur an sich allein
nur schick und teuer muss es sein
leben auf Pump durch Lug und Trug
Hauptsache ihnen geht es gut

Am Wochenende sind wir platt
zu müd zu gehen in die Stadt
Die Bonzen folgen dem Gebimmel
denn die hoffen auf den Himmel

Nachts schau ich zum Firmament
wie man auch den Himmel nennt
und ich habe tausend Fragen
was wollen mir die Sterne sagen

Mein Himmel liegt im Kinderstrahlen
wenn wir zusammen Bilder malen
Mein Himmel strahlt im Dankeblick
bin ich ein Teil vom kleinen Glück

Am Himmel seh ich Wolkenbilder
manchmal sanft und manchmal wilder
Frieden Liebe und viel Licht
Hand in Hand
mehr braucht man nicht

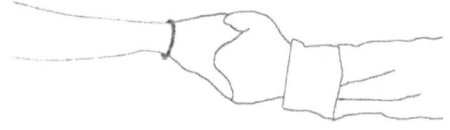

Ich bin Ich

ich war nie ein Musterschüler
ich hatt' nie ein Ideal
und was die andern redeten
war mir ganz schnurz-egal

ich war nie wie alle ander'n
und ich werd' es niemals sein
denn ich bin auch so ganz glücklich
fühl' mich nie allein

darum lasst doch dies Gerede
ewig diese Schimpferei
denn in Einem bin ich sicher
die Gedanken sind noch frei

also Stopp mit diesen Sprüchen
vom Geschleime und der Pflicht
Das ist so wie Klo-Gerüche
Nein so änd're ich mich nicht

also sag ich hier ganz klar
wie zu jeder Stunde
ich werd' bleiben wie ich war
red nicht nach and'rer Leute Munde

werde immer ander'n helfen
steh zur Seit' mit Rat und Tat
halte dann des Menschen Hände
der um Freundschaft mich gefragt

ich werd' stets die Wahrheit sagen
auch wenn's andere schockiert
meine Decke wird den wärmen
der des Nachts im Winter friert

so schau nicht nur auf die Schale
auf das Inn're kommt es an
edle Kleider ... schöne Worte
woran man sich oft täuschen kann

ich war nie ein Musterschüler
und doch weiß ich was zu tun
Frieden Liebe Freundschaft Taten
dafür werd ich niemals ruh´n

nehmt euch alle bei den Händen
versucht die Sterne zu erreichen
das Schicksal anderer zu wenden
und nicht vor dem Geschrei zu weichen

Licht und Schatten

im Leben will nicht alles klappen
oft fragt man wie und wo und was
und wo Licht ist
ist auch Schatten
ach wem erzähl ich das

mal gibt es Tage voller Sonne
mal ist es dunkel und eiskalt
ich freu' mich wenn ich was bekomme
verliere ich
dann such ich Halt

drum hüte stets dein Licht da drinnen
auf deines Herzens Grund
die Tage allzu schnell verrinnen
sie sind heut' grau
doch morgen bunt

so fürchte doch die Schatten nicht
in der Ecke
an der Wand
sie wurden dort gemalt vom Licht
und nicht von dunkler Hand

... oder doch?

Losgelöst

Ich sah die Sonne und die Sterne
sehnte mich stets in die Ferne
dabei liegt doch mein ganzes Sein
mein Himmel und mein Sonnenschein
in deinen Augen
deinem Kuss

Du hast mein Herz als ewig Pfand
bist meine Insel
bist mein Strand
du löst die Fessel dieser Welt
die mich so fest am Boden hält
und fliegst mit mir zum Regenbogen

Was ich hier schrieb
ist nicht gelogen

Mach(t) Mut

Gib dem Fremden doch die Hand
und reiß sie ein die Trennungswand
findest du's auch krass
Komm
sag doch was
sag was ihm Mut macht
Zuversicht
sag einfach

„Man vergisst dich nicht!"

Gib Hoffnungslosen einen Morgen
lass ihn vergessen seine Sorgen
zeig ihm im Tunnel dort das Licht
mal ihm ein Lächeln ins Gesicht
Fremd ist nur was man nicht kennt
drum fasse Mut in dem Moment
und sprich zum Ander'n

„Ich bleib hier und geb' dir Kraft.
Ich steh zu dir!"

Führ den Blinden durch die Welt
gib Acht dass diese nicht zerfällt
deute jene Gesten Stummer
bewach' in Frieden Kindes Schlummer
lass doch dein Herz nicht so verstauben
lass dir die Hoffnung niemals rauben
Auch du bist fremd und oft allein
So vieles könnte besser sein!

Magisch

Zaubern zu können
das wünsch' ich mir sehr
dann wäre das Leben nicht mehr so schwer
den kleinen Finger würd' ich bewegen
und Probleme und Sorgen zur Türe raus fegen

ich rief dann leise in finsterer Nacht
und zwei riesige Flügel bewegten sich sacht
ein Drache erhöb' sich stolz wie der Wind
er würde bewachen meine Liebsten
mein Kind

Elf magische Sprüche
die würde ich sprechen
und Mauern und Ketten würden zerbrechen
es sollte keine Träne mehr fließen
und jeder Frieden und Liebe genießen

Doch sind wir nur Menschen
und irren umher
den richtigen Weg finden fällt uns oft schwer
Doch gemeinsam haben wir die Macht
zu beenden den Hunger und manche Schlacht

wenn jeder versucht mit dem Herzen zu sehen
wird man den Zauber des Lebens verstehen
denn um uns herum ist Vieles Magie
der Weg zur Erkenntnis heißt Fantasie

Fremd

Den Mut
was einem nicht bekannt
das Fremde zu entdecken
das kann nur jeder in sich selbst
im Innersten erwecken

So geh denn los und sieh das an
was noch im Unbekannten liegt
mit pochend Herz da lernst du dann
wie man mit Wolken fliegt

Man nennt es "Fremd"
was man nicht kennt
und schafft sich eig'ne Grenzen
Entdeck' du
was noch nicht entdeckt
trotz reichlich Turbulenzen

So gehe auf Entdeckungstour
und lass dich auch mal treiben
Folg deiner eig'nen Seelenspur

Was Traum ist
muss nicht Traum nur bleiben

Un-Benannt

dein Name
der ist vorbestimmt
von Vater Mutter
die da sind
nun heißt du Peter oder Fritz
was gar nicht so exotisch ist
vielleicht auch Henry oder Chris
das wär ein Grund für Ärgernis

den Mädels geht es ebenso
nicht jeder Name macht sie froh
bei Josefa und Adele
ist's als schnürt sich zu die Kehle
Cindy will man auch nicht heißen
bei Gundel in die Kissen beißen

aber da nützt kein Geschrei
dein Name steht da
wie aus Blei

Ach Eltern
überlegt doch mal
ich weiß
es fällt oft schwer die Wahl
den Namen den ihr habt gegeben
trägt euer Kind sein ganzes Leben

Mann gebraucht?

Morgens stehe ich im Bad
bemüht um einen guten Start
geschlafen habe ich recht gut
beginn' den neuen Tag voll Mut
denn keiner störte meine Ruhe
im Flur find' ich nur MEINE Schuhe
durch lautes Schnarchen nicht geweckt
kein Licht hat mich Nachts aufgeschreckt
nur MEINE Haare sind im Kamm
ich denk' : Ich brauche keinen Mann

Es ist noch Zeit
so trink' ich Tee
und auf dem Frühstückstisch ich seh
nur das was ICH am liebsten mag
da find ich Eier Brötchen Quark
ein Stückchen Wurst ist auch dabei
und 'ne Tomate oder zwei
die Zeitung
die ist nur für MICH
denn keiner nahm 'ne Seite sich
im Radio läuft nur MEIN Sender
nur MEIN Termin steht im Kalender
und keiner quatscht mir ins Programm
und fragt nach wie und wo und wann
ich denk' : Ich brauche keinen Mann

Die Wände sind nicht mehr so weiß
ich kaufe Farbe und mit Fleiß
geh ich daran sie bunt zu machen
ich lass es mal so richtig krachen
und keiner steht da und erklärt
was hier und da und wie gehört
Picassos Werke mag ich sehr
die haben das besond're Flair
das sieht man MEINEN Wänden an
ich denk' : Ich brauche keinen Mann

Doch manchmal sind da so Gefühle
ich steh allein im Menschgewühle
und keiner hält mir meine Hand
wenn ich vor Schrecken ganz gebannt
schau einen Film
hab' nur ein Kissen
dann tu ich doch 'nen Mann vermissen
und es kann manchmal öde sein
sitz' ich am Frühstückstisch allein
kein Kuscheln Quatschen oder Lachen
und keiner trägt die schweren Sachen

dann fällt's mir ein
so dann und wann
braucht man vielleicht doch einen Mann

Mein heimlich Reich

Dort
wo die Vögel endlos singen
wo in der Luft die Geigen klingen
und wo die Sonne endlos scheint
wo nie der Himmel Tränen weint
dort
hörte man nie einen Fluch
die Wolken blau sind wie im Buch
wo Wolf und Schaf zusammen leben
dort
kann man ohne Flügel schweben

mein leises Glück
mein heimlich' Reich
mit allen Menschen einig gleich

Dort
wo Wünsche Wahrheit werden
und niemand mag in Trauer sterben
wo Glück und Freude nur regieren
und was man denkt kann proklamieren
wo keiner schreit
"Das ist nicht wahr!"
dort
wird manch' eig'ne Dummheit klar

Dort
liegt mein Sein
hier lebt mein Ich
und wer mir folgt
der findet sich

Doch ist dies Reich zu keiner Zeit
auf Erd' zu sehen
es liegt weit
lebt tief im Herzen
dort in dir

das Zauberwort dorthin heißt
"Wir"

Mein Weg nach Hause

Manchmal im Traume einer Nacht
ergreift mich das Verlangen
zu nehmen meinen Wanderstab
um Sterne einzufangen

bin manche Straße ich gegangen
hab' manchen Morgen ich geseh'n
gelauscht wo heimlich Vögel sangen
ging hin wo fremde Winde weh'n

Die Freiheit lockt
doch seh' ich dann mein Kind
es spielt am Fluss
ich höre meines Liebsten Ruf
und spüre seinen Kuss

ich seh' die Blumen
selbst gepflanzt
so ist mein Herz gefangen
und mir wird klar
ich könnt' nicht mehr
als dieses Glück verlangen

All meine Reisen war'n der Weg
die Straßen ohne Pause
hier will ich sein
ich bin am Ziel
hier fühl' ich mich zuhause

Es hat mich hin und her getrieben
hier fand ich Liebe und den Frieden
Hier will ich bleiben alle Zeit

Mein Kirschbaum trägt sein schönstes Kleid

Mondblick

He du Mond da
gehst so stille
brauchst du im Dunkel nicht 'ne Brille
um zu sehen was hier ist
wenn du des Nachts erschienen bist ?

Siehst du im Park ein Liebespaar
dann ist dir das
scheint' s völlig klar
bedenkst du denn aus deiner Sicht
dass Glück so leicht wie Glas zerbricht ?

Des Nachts erscheinen oft Gestalten
die mancher dunkler Ämter walten
wie Raub und Mord
manch' Gaunerei
So spät kommt keine Polizei !

Der Dieb
der schleicht im fahlen Schein
und unerkannt geht er dann heim
auf ihn da fällt dein Mondeslicht
doch sein Gesicht erkennt man nicht

Ein Mädchen
das kommt spät nach Haus
und redet sich dann rein und raus
es wird beschimpft und angeklagt
dass es sich in den Park gewagt
mit einem Jungen
der ihr fremd
sich gar gezeigt im Unterhemd
und ihn geküsst im Mondenschein
geflüstert dann: "Auf ewig dein!"

So stehst du Mond
in Himmelsweiten
auch heute Nacht wie alle Zeiten.
und schaust herab auf unser Tun
ob wir nun rennen
ob wir ruh'n
du scheinst den Menschen ins Gesicht
doch ihre Seelen siehst du nicht

Mord im Fjord

Da liegt ein Schiff in einem Fjord
es wird gelacht
getanzt an Bord
denn auserkoren hat ein Lord
dies' Boot sich als 'nen Party-Ort

Manch edler Wein in hölzern' Fass
und was nicht schmeckt ins kühle Nass
den Müll
den nimmt hier keiner krumm
denn die Fische sind ja stumm

Doch brodelt's
nicht nur in der Küche
es fallen hier und da schon Sprüche
wie man könnt' vieles besser machen
der Lord und seine Gäste lachen

Das feinste Essen gibt es dort
man plaudert über Motorsport
entspannt und lässt sich mal verwöhnen
wie man's so tut bei reichen Schönen

Doch dann ein Schrei
ein Durcheinand'
der Lord steht da
bleich wie die Wand
ein Messer steckt in seiner Brust
die Küche meldet den Verlust

Der Lord ist tot
die Party aus
der Mörder schleicht sich still hinaus
keiner hat ihn hier erkannt
hat's Gläschen Sekt in seiner Hand

kein Müll mehr landet dort im Nass
Musik ist aus
vorbei der Spaß

es lag ein Schiff in einem Fjord
es wurd' getanzt
gelacht an Bord

Morgen

die Nacht vergeht
leise versinkt
der Tag anbricht
als leichter Hauch
nun kommt das Licht
ein Vogel singt
und schau
da kommt die Sonne auch

der Blick am Morgen ist ein Glück
ist ein Gefühl
das nie vergeht
man lässt zwar manches dann zurück
doch neu ist das was nun entsteht

des Morgens früh erwacht die Welt
und jeder der die Träume hält
wird durch den Tag auf Wolken schweben
wird sich in neue Welten weben

bekämpf' den Schatten an der Wand
geh durch das Leben Hand in Hand
sei standhaft und behalte Stolz
zeig auch Gefühl
sei nicht aus Holz

denn jeder ohne Freunde fällt
gemeinsam kommt man durch die Welt
so fasse Mut und aufgerafft
wohl ewig ist die Wanderschaft

es gibt zu viele ohne Licht
die kämpfen ohne Macht
und manche seh'n den Andren nicht
in ständig dunkler Nacht

sei stark für Schwache in der Ecke
hilf' du den Kranz des Friedens binden
gib dem der friert 'ne warme Decke
dann wirst auch du die Freundschaft finden

Obstsalat

viele Früchte stehen zur Wahl
es ist nicht das erste Mal
dass ich mich kann nicht entscheiden
welche kann ich besser leiden

mit einem Apfel fing es an
die Frau
sie schaute nach dem Mann
es blieb nicht bei der Küsse Gruß
nachher war da nur Apfelmus

noch heut sind Äpfel rund und süß
wie damals schon im Paradies
die Kirschen auch in Nachbars Garten
man muss nur auf das Dunkel warten
durchquert ein Wanderer das Land
mit einem Apfel in der Hand
und trinkt statt Sprudel Möhrensaft
hat er für seine Wege Kraft

mit einer Birne kommt der Mann
bei Frauen selten bestens an
winkt er jedoch mit 'ner Banane,
fall 'n sie ihm gleich in seine Arme

Blaubeeren
die sind auch sehr nett
und ich sie gerne bei mir hätt'
auch rund und süß ist die Melone
und die Größe
echt nicht ohne

gelbe Schale
sauer innen
sind viele Vitamine drinnen
das ist 'ne kleine Zitrusfrucht
und man dergleichen lange sucht
doch ess' ich sie
bekomm' ich Schauer
die Contenance von kurzer Dauer
darum schmeckt mir mit guter Miene
besser eine Apfelsine

ach
so leer ist jetzt mein Magen
und er fängt schon an zu klagen
also schreite ich zur Tat
und mach' mir einen Obstsalat

Pups

ich esse gerne Blumenkohl
ess ich zuviel
ist mir nicht wohl
die Luft will raus
auch mal von hinten
die Nachbarn schon von Ferne winken

esse ich mal zuviel Zwiebel
wird mir davon oft auch übel
und auch davon bläht mein Bauch
und
der meldet sich dann auch

Planlos

wirres Haar und wirrer Sinn
ich bin wie ich immer bin

um 7 wurde ich geweckt
von meinen Katern angesteckt
zum Spielen und tief Luft zu holen
Nun – ich sag's euch unverhohlen
Bällchen werfen
Federn schwingen
so kann jeder Tag beginnen

Um 8 dann noch mal hingelegt
ein frischer Wind durchs Zimmer fegt
denn alle Fenster stehen auf
das bisschen Kalt nehm' ich ich Kauf

Um 9 da trink ich Tee und Saft
ess Wurst und Brot
das gibt mir Kraft
streich mir durchs Haar und denk' daran
was ich denn heut so machen kann

Mittagszeit auf dem Balkon
die Kater hatten's Futter schon
und frisches Wasser steht da auch
die Sonne scheint mir auf den Bauch
mal E-Mails checken und WhatsApp
ein Hallo ist immer nett

Werf' meinen Plan nun übern Haufen
ich muss noch Öl und Pizza kaufen
und Milch die darf ich nicht vergessen
und dies und das fürs Abendessen

So zieh' ich los mit ein paar Taschen
und für das Pfandgeld ein paar Flaschen
den Müll den nehm' ich auch noch mit
zum Eimer sind 's nur ein paar Schritt'

2 Stunden später
wieder da
der Einkauf war kein Trallala
noch alles schnell an seinen Platz
und das geht auch nicht so Ratzfatz

Nun staubsaugen und dann gewischt
ins Wasser Essig reingemischt
ich sehe an der Wand die Uhr
beende meine Reinigungstour

denn meine Serie im TV
beginnt um 14 Uhr genau
ich mach' mir noch ganz schnell 'nen Saft
mein Pensum ist jetzt auch geschafft

Man sollt' es lassen vorzuplanen
denn meist weicht dieses dem Spontanen
planlos geht's mir auch ganz gut
braucht das auch ein wenig Mut

So sitze ich bei mir daheim
schreib' entschleunigt diesen Reim

TV-Reisen

Als Kind von der Biene mit molligem Freund
vom schielenden Löwen hab ich geträumt
ich schwang mich mit Tarzan durch die Lianen
sah Hund und Delfin vor Gefahren mich warnen
vom Hasen Musiktipps
und vom Wurm Tipps zum Lesen
was waren das alles für komische Wesen

mit dem Lolly im Mund oder durch die Prärie
der Gauner der Mörder entkam ihnen nie
ob mit Harry im Auto oder gar durch die Luft
die Handschellen klickten für jeden Schuft

es wurde gestaunt erklärt und berichtet
manch' Ziel am Horizont gesichtet
erzählt wurden Stories
mal Fiction mal wahr
wer gut oder böse
das war uns schnell klar

es gab fliegende Jeeps und Autos die sprachen
Familien und Kiddies die niemals die braven
hübsche Mädchen
die eine kam aus der Flasche
und lebendige Knete stets in der Tasche

dann reisten wir durch Raum und Zeit
durch Kontinente die so weit
die Welt kam zu uns erst schwarzweiß
und dann in Farbe wie man weiß
per Fernsehen
"Glotze" auch genannt
TV veränderte das Land
stets informiert ganz nah dabei
entfloh man so dem Alltagsbrei

das Grau blieb draußen
„Action an"
auch heute freut sich jedermann
man drückt den Knopf und schon geht 's los

Wie machte man was früher bloß?

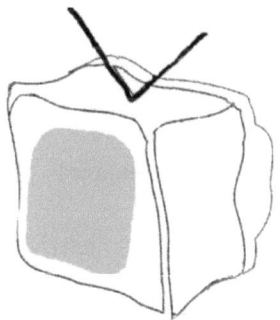

Un-Bekannt

Du bist vorbei gerannt
doch hab' ich dich
sofort erkannt
und deinen Namen laut genannt

Da bliebst du stehen
wie gebannt
sahst mich
und winktest mit der Hand

Du fragtest dann
wer ich denn sei
ich sei dir fremd
ganz einerlei

Dann liefst du weiter
ich blieb stehen
gedankenvoll dir nachzusehen
ich habe dich sofort erkannt
und deinen Namen laut genannt

Und was sagt uns die Geschicht'
Manchen erkennst du
er dich nicht

Wortpfütze

Manches Wort 'nem Hündchen gleicht
das nicht von deiner Seite weicht
und springt es in 'ne Pfütze rein
so kann es durchaus möglich sein
dass es schlägt manchmal hohe Wellen
an denen andere zerschellen
denn manchmal reicht ein Tropfen aus
der überschwemmt das ganze Haus

drum pass gut auf
verhalt dich schlau
und bedenke ganz genau
das richt'ge Wort ob laut ob leis'
zu wem und auch in welchem Kreis

führ mit Bedacht das Hündchen "Wort"
ist es erklungen
wirkt 's sofort
spring nicht in jede Pfütze rein
es könnt' ein Sumpf stattdessen sein

Und weg

heute bleib ich mal zuhaus
und schau aus meinem Fenster raus
und seh im nächsten Nachbarhaus
Meiers tragen Möbel raus
lange war'n sie hier zuhaus

schau da ist der Kleiderschrank
und Frau Meier ist ganz schlank
jo, die war auch lange krank
mit Nachbars gab es manchmal Zank

heute bleib ich mal zu Haus
und schau aus dem Fenster raus
Möbelwagen steht im Stau
Regenwolken werden grau

wenn ich bei Nachbars Kaffee trank
und backte Kuchen dann zum Dank
die Teller waren nachher blank
wenn ich dann müd zu Bette sank

heute ziehen Meiers aus
und ich wink' zum Abschied raus
sie sind weg und Regen fällt
etwas stiller ist die Welt

heute bleib ich mal zu Haus
schau noch lang zum Fenster raus
Nachbars Sperrmüll blieb zu Hauf'
Leute, passt gut auf euch auf !

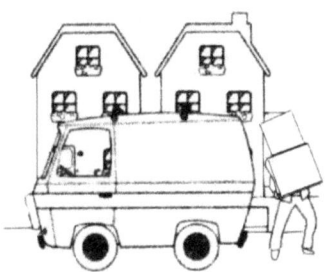

Voller Leere

Wenn alles stimmt was ich mir denk'
dann greif' ich schon mal zum Getränk
ob Whiskey Cocktail oder Bier
auch Wein ist gut
die Freunde hier

wir reden lachen tanzen rum
doch plötzlich werd' ich blass und stumm
nun ist`s Treibstoff schon genug
ab jetzt nur Wasser aus dem Krug

die Vernunft muss nun gewinnen
will mich morgen noch entsinnen
wie und was wir all' getan
Wiedersehen ohne Scham

doch bist du traurig und allein
hilft manchmal auch ein Gläschen Wein
oder zwei oder auch drei
da ist gar nichts falsch dabei
wenn du die Sorgen dann vergisst
aber leider bleibt's wie's ist

du fühlst dich wie im Wattebausch
doch nichts ist anders nach dem Rausch
am Morgen tut dir weh der Kopf
drum bitte sei kein dummer Tropf

die Lösung nicht in vollem Glas
da draußen warten Glück und Spaß

War was ?

Trotz des Abend-Schlemm-Verzichts
ist es stets ein inn'res Ringen
und die Menge des Gewichts
bleibt stets gleich
ich muss mich zwingen
morgens mich der Waage stellen
trübe noch im Schein des Lichts
und ich sage besser ... nichts!

Leider ist die Party aus
kein Bus fährt mehr
ich will nach Haus'
quer durch den Park ist meine Wahl
der ganz schön dunkel ... mir egal
hör' Schritte eines Bösewichts
Neee nur ein Traum
denn da ist ... nichts!

Wer schaut dich aus dem Spiegel an
frühmorgens im noch kühlen Bad?
Du fragst dich ... Wer und Wie und Wann?
Gedanken-Wirrwarr
Kopfsalat
das Spiegelbild deines Gesichts
du blickst es an
doch es sagt ... nichts!

und nun zum Thema des Gedichts
War da etwas oder ... nichts?

Wort

Ein Wort
mal Lüge
mal Versprechen

Ein Wort
kann binden
kann zerbrechen

Ein Wort
das kann so vieles sein
man kann es flüstern
kann es schrei'n

Ein Wort
und man lauscht ganz gespannt

Ein Wort
wie's Reichen einer Hand

Ein Wort
das mit dem Herzen spricht
gewinnt noch dadurch an Gewicht

Ein Wort als Frage
Antwort auch

Ein Wort von dir
ist was ich brauch'

"Hallo"

Zauberwesen in Rosa

wie schön
dass es solch' Zauberwesen gibt

wie eine Blume steht es da
zartrosa so wie Mädchenwangen
wohl nach dem ersten Kuss
wie die Haut des Kleinsten in der Mutter Arm
auf einem Bein so steht es da
leicht wie ein Fliederbusch
im Winde es sich wiegt

wie schön
dass es solch' Zauberwesen gibt

und kommt dann eins zum anderen
und mehr
zu Hunderten als dann
so trifft man sich zum Tanze
und nickt sich zu und hüpft gar wild
der Liebsten zu gefallen

Seht her
welch' Schauspiel und gar welche Pracht
wie einst zu Sanssouci die Edlen es geliebt

wie schön
dass es solch' Zauberwesen gibt

Lebenslicht

Dich, Spenderin des Lebens
zu erreichen ist vergebens

dein Licht, das sagt mir jeden Morgen
ich solle leben ohne ich ermessen

sieh her
im Sommer welkes Laub

der Himmel grau und voller Staub
schwarz und dunkel der Planet
auf dem ein eisig' Wind bald weht
damit wir nicht in ewig' Nacht
so halte dort am Himmel Wacht
Was wär' die Erde ohne Licht ?
du gibst uns Hoffnung Zuversicht

Zuhause

In der Schule in der Welt
gibt 's viel Arbeit wenig Geld
Stress ist das tagein tagaus
und man sehnt sich nach Zuhaus'

Man kommt nach Hause
und Türe zu
die Welt bleibt draußen
man hat Ruh
vergessen kann man manche Schiete
und sammelt Mut für nächste Schritte

Glücklich kann sein - wer das hat
ein eignes Reich und Liebe satt
ein Heim wo man den Frieden spürt
ein Herz das deines sanft berührt

Dort hat der Ernst des Lebens Pause
So atme durch und komm nach Hause

Wurmgedanken I

Wann ist der Wurm denn schon normal ?
Da liegt er vor uns stumm und kahl.
Die Frage die man sich hier stellt
bewegt vielleicht die ganze Welt,
doch hat gewagt man sie erst heut'
und ausgesprochen, was mich freut!

So tu ich meine Meinung kund
grad jetzt und hier zu dieser Stund'.
Die Antwort hierauf, sie beruht
wer grad' den Wurm begucken tut!

Der Eine hält ihn für normal,
der And're meint
"Der kann mich mal!".
Ein Dritter denkt
"Der arme Tropf!
Wo ist bei dem denn nun der Kopf?".

Denn wie im Sommer Mücken schwirren,
gehört ein jeder zu den Irren,
mal sehr massiv oder mal eben.

Verwirrtes Sein gehört zum Leben!

Wurmgedanken II

Ich habe noch mal nachgedacht
über den Regenwurm heut' Nacht
ein seltsam' Tier
das ist er schon
nicht mal der Sonnenschein sein Lohn
er lebt dort unten ohne Licht
hat weder Beine noch Gesicht
und zum Umarmen keine Arme
baut Tunnel ohne dass er vorher plane
so sieh ihn an
von hint' und vorn

Entspricht der Regenwurm der Norm?
Bedenk' Aspekte ... triff' die Wahl
So ist er doch nicht ganz normal?

Er steht für "nicht wie Alle" da
der Regenwurm als ein Signal
Hat er wohl Träume? Weiß man nicht
ob er hat Hoffnung ... Zuversicht

Er ist schon seltsam sicherlich
doch manchmal auch wie du und ich
er lebt wie du auf dieser Welt
doch ohne Ketten Macht und Geld

So ist er frei
wenn auch nur klein!
Wär' gar nicht schlecht
wie er zu sein !

*Infos über
Mia Mondstein*

„Mias Wimmeleien" ist nunmehr nach „Gedankenpüree"
und Seelengemüse" der dritte Lyrikband der, in
Münster geborenen, Autorin Mia Mondstein. Sie selbst
schrieb einmal in einem ihrer Bücher:

„Immer, wenn ich gefragt werde, wer ich bin und was
ich tue, starte ich, Mia Mondstein, stets aufs Neue
den Versuch, mich und mein Tun näher zu beschreiben.
Doch, wie viele von euch sicher wissen, ist das gar
nicht so einfach. Eine Persönlichkeit, ein Mensch in all
seiner Komplexität, ist niemals in wenigen Zeilen ganz
zu erfassen. Schon viele Stapel von Büchern wurden zu
diesem philosophischen Thema "Was den Menschen
ausmacht" verfasst. Doch es bleiben immer Zweifel, ob
wirklich alles erwähnt oder erahnt wurde."

Die Autorin dieses Buches trug schon als kleiner Knirps
von vier Jahren, Werke wie "Die Rache" oder "Der
blinde König" vor, mit viel theatralischer
Ausdruckskraft , und erfreute damit Zuhörer,
bestehend aus Verwandtschaft nebst Freundeskreis.
Aber nicht nur das. Sie schrieb auch schon als Kind
eigene kleine Verse. Das wurde ihr sozusagen in die
Wiege gelegt- Ihre Oma wurde niemals müde, ihr
Geschichten aus der "guten alten" Zeit zu erzählen
oder Gedichte vorzutragen. Einer ihrer Urgroßväter
war der erste Hörfunkdirektor beim WDR Münster und
ihr Großvater väterlicherseits nahm sie durch seine
Erzählungen mit auf Reisen in unbekanntes Land.

Später veröffentlichte Mia Mondstein immer wieder mal kleine eigene Verse, auch Werbetexte und gestaltete Visitenkarten für kleinere Vereine und Firmen.

Nach dem Tod ihres Mannes und der Geburt ihres Sohnes, war sie schon früh allein für den Lebensunterhalt und alles andere verantwortlich. Ihre Träume und Ideen musste sie erstmal beiseite schieben, Sie arbeitete in verschiedenen Büros und in der Verwaltung von Banken, Versicherungen und beim Deutschen Zoll. Ihr Leben verlief mal im Hoch, mal im Tief, mal Zickzack und manchmal auch im Kreis. Doch schaffte sie es immer wieder mit Mut und Verantwortungsgefühl als Mitmensch, Mutter und Freundin, alles zu bewältigen.
Bis zum Jahre 2011. In diesem Jahr änderte sich für sie alles. Sie entschloss sich, ihr Leben fortan nur noch der Musik, der Lyrik und ihrer Gedankenwelt zu widmen und ihrem inneren Seelenruf zu folgen, welcher niemals seit der Kinderzeit verstummt ist.

Und so sind all ihre Zeilen ein Ruf in die Welt da draußen vor dem Fenster und ein "Hallo" an alle Menschen, die ihre Worte lesen und verstehen.

Und seit 2016 ist sie auch im Radio, genauer im Bürgerfunk Münster zu hören.

www.miamondstein.de
lyrik@miamondstein.de

Veröffentlichungen

1973
„Mutter" Veröffentlichung zum Muttertag im
Gemeindebrief (Ausgabe Mai)

1979/1980
erste Handzettel-Entwürfe Werbesprüche Rede-und
andere Konzepte während ihrer Berufsausbildung

1982
erste öffentliche Erlebnis-Poesie anlässlich
Erinnerungsabend an den Urlaub der kirchlichen.
Frauenhilfe

1991
Geburtstags/Gruß-/Auftrags-Poesie.
Veröffentlichung in einer Radio-Gruß-Sendung
über „Antenne Münster"

2002
„Das Meer" und "Mein heimlich Reich" werden vertont
von Clemens Portmann (Die Fantasten) auf seiner
Solo-CD "Mein Reich"

2014
Radio-Zertifikat und erster Radio-Beitrag in der
Sendung "Strehle un Beis" (Gemeinschaftsprojekt mit
anderen Lehrgangsteilnehmern im Medienform Münster
Titel: „Elefantenbaby"

2015
„Ansatz" - Anthologie „Zeitlos"
Sperling-Verlag

2016
„Funken" - Anthologie „mo(NU)mente"
Sperling-Verlag

„Herzens-Stimme" - Anthologie „neue Wege"
Sperling-Verlag

„Immer da" - Anthologie „SchönwortSchätze"
Lorbeer-Verlag

Start der monatlichen Bürgerfunk-Sendung
„TeeTöne mit Mia und Theo" im Bürgerfunk Münster
(Mia Mondstein = Moderatorin und Texterin)

2017
„Gedankenpollen" - Anthologie „Wilde Rosen"
Sperling-Verlag

erster eigener Lyrikband „Gedankenpüree"
epubli-Verlag

„Frost" - Anthologie „GoldstaubGalaxie"
Lorbeer-Verlag

2018
„Verstummt" – Anthologie „Edel Herb Erlesen
Lorbeer-Verlag "

2018
„Wann" - Anthologie „von Mauern und Grenzen"
Sperling-Verlag

zweiter eigener Lyrikband „Seelengemüse"
epubli-Verlag

erstes EBook "In den Wind"- Probe-Arbeit
Book on Demand - zwei verschiedene Versionen

„Kopfmelodie" - Lyrikband XXI
Bibliothek der deutschsprachigen Gedichte

2019
Beiträge / Autoren-Portrait im Sommer-Wind-Journal
Februar „Schneevergnügen" im SommerWind-Verlag

Bürgerfunksendung „Mias wirre Welt" (4teilig)
mit Lyrik, Musik und Geschichten

„Später" - Lyrikband XXII
Bibliothek der deutschsprachigen Gedichte

2020
„An Bord" – Lyrikband XXIII
Bibliothek der deutschsprachigen Gedichte

Bürgerfunksendung „Mias Lyrikwelt" (3teilig)
mit Lyrik, Musik und Geschichten

und viele neue Projekte sind in Arbeit und geplant

Inhaltsverzeichnis A bis Z

Mia Mondstein

Danke.